CON GRIN SU CONOCIMIENTOS VALEN MAS

M. Enes Cinar

Aus der Reihe: e-fellows.net stipendiaten-wissen

e-fellows.net (Hrsg.)

Band 1111

La influencia de Juan Domingo Perón en la Argentina

GRIN Publishing

Bibliographic information published by the German National Library:

The German National Library lists this publication in the National Bibliography; detailed bibliographic data are available on the Internet at http://dnb.dnb.de .

Imprint:

Copyright © 2012 GRIN Verlag GmbH
Print and binding: Books on Demand GmbH, Norderstedt Germany
ISBN: 978-3-656-89413-1

This book at GRIN:

http://www.grin.com/es/e-book/289111/la-influencia-de-juan-domingo-peron-en-la-argentina

La influencia de Juan Domingo Perón en la Argentina

Introducción

En el pasado hubo muchos líderes que tuvieron una gran influencia en sus países como: Gaius Iulius Caesar, Alejandro Magno, Napoleón Bonaparte y muchos más. Todos estos líderes tenían algo en común, eran personalidades carismáticas, que se convirtieron en mitos y héroes, después de su muerte. La influencia de la persona y la persona misma, que será tratada en el trabajo de investigación, también era una personalidad carismática y se convirtió en una leyenda en su país. Todavía la gente en la República Argentina lo aprecia y hoy en día su doctrina aún tiene éxito. Se le conoce como Juan Domingo Perón, alias 'El General'. Juan Domingo Perón fue uno de los pocos presidentes, que fueron elegidos tres veces como Presidente de Argentina. Nadie como Juan Perón tuvo tanta influencia en la política y economía argentina. El Sr. Perón fue el primero en darse cuenta de que la clase obrera jugaba un papel importante en la política y la economía de la República. Asimismo, la teoría peronista así llamada 'El Peronismo' sobrevivió muchos años a Juan Domingo Perón y sigue siendo actual. El año pasado Cristina Fernández de Kirchner, militante del peronismo, fue elegida Presidente de Argentina. No obstante, hay que decir que el Coronel Perón y el peronismo es un tema controvertido entre la comunidad científica.

El objetivo de este trabajo, dividido en cuatro partes, es aclarar la influencia de Perón en Argentina con ayuda de los trabajos de Juan Domingo Perón.

La primera parte incluye un breve repaso de su vida desde su infancia hasta su muerte.

La segunda parte trata de la época antes de Perón, y las diversas crisis con las cuales el gobierno militar se desborda. Los diferentes problemas serán analizados con la ayuda del modelo de crisis de Gabriel A. Almond y Lucian W. Pye, y también se remitirán a la declaración de S. L. Wahrhaftig e intentarán refutar su opinión sobre la formación del partido peronista.

En la tercera parte se presenta la superación de las diversas crisis por Juan Domingo Perón.

Y la cuarta, y última parte, se ocupa de la actualidad del peronismo de la última década. En la conclusión trataré de interpretar la influencia que consiguió Juan Domigo Perón con la superación de las diferentes crisis.

1. La vida de Juan Domingo Perón en Argentina

1.1. Los primeros años

Juan Domingo Perón nació el 8 de octubre de 1895 en Lobos, Provincia de Buenos Aires.

Fue el hijo de Mario Tomás Perón Dutey -pequeño productor agrícola-ganadero- y de Juana Sosa Toledo. Perón creció en las pampas bonaerenses y en la finca de su padre en el sur de Argentina. Con tan solo 16 años, Juan Domingo ingresó en el Colegio Militar de la Nación.[1] En las décadas siguientes, Perón tuvo una rápida carrera militar.

En el año 1913, ascendió a subteniente del arma de Infantería. En 1929 regresó a la Escuela Superior de Guerra como Oficial del Estado Mayor y comenzó a desempeñar tareas administrativas.[2] Paralelamente, trabajó como docente en la Escuela de Suboficiales Sargento Cabral y redactó trabajos sobre 'moral militar', 'higiene militar' y 'campaña del alto Perú'. En el mismo año Juan Domingo Perón se casó con Aurelia Tizón por la Iglesia. Desgraciadamente, la muerte prematura de Aurelia, en septiembre de 1938, terminó el afortunado matrimonio sin haber tenido hijos.

1.2. El Golpe de Estado de 1930 y su vida militar

El 6 de septiembre de 1930, bajo la dirección del general José Félix Uriburu, tuvo lugar el primer golpe de estado contra el presidente constitucional, Hipólito Yrigoyen, debido a la insatisfacción creciente de la población a causa de la crisis económica mundial del año 1929. El 1 de diciembre de 1930, Perón fue nombrado profesor de Historia Militar en la Escuela Superior de Guerra. Más adelante fue ascendido a mayor, y el General Manuel Rodríguez, Ministro de Guerra, lo designó como su ayudante de campo. En los años siguientes, Perón publicó algunas obras de temas políticos, sociales y militares.[3]

En el año 1936, Juan Perón fue nombrado agregado militar en la República de Chile y ascendió al grado de teniente coronel el 31 de diciembre de ese año. En 1939, Perón fue enviado por el General Carlos D. Márquez a Italia para recopilar informaciónes y ampliar sus conocimientos. En los años siguientes viajó a España, Alemania, Hungría, Francia, Yugoslavia y Albania. Cuando regresó a Argentina el 8 de enero de 1941, el Sr. Perón fue ascendido al grado de Coronel. A partir del año 1943, su vida militar y política comenzaron a converger.

1.3. La Revolución de 1943 y el comienzo de su vida política

El 4 junio de 1943, Perón participó en la Revolución militar contra el presidente Ramón S. Castillo para terminar con su política corrupta y trabajó en el Departamento Nacional del

---

[1] Galasso, Norberto: *Perón I. Formación, ascenso y caída (1893-1955)*. Buenos Aires: Colihue, 2005, p. 43. Hay varios datos contradictorios sobre su entrada al Colegio militar.
[2] Galasso, Norberto, *op. cit.*, p. 49. Hay varios datos contradictorios para esa fecha.
[3] Algunas obras suyas: *Apuntes de Historia Militar, Toponimia Patagónica de Etimología Araucana* y *El frente oriental de la Guerra Mundial.*

Trabajo. Perón era competente para los asuntos laborales y sindicales, y ahí comenzaron sus primeros contactos con la clase trabajadora. Ayudó a la clase obrera a resolver sus problemas y dio por primera vez privilegios a los trabajadores. El 10 de diciembre de 1943, se hizo con la titularidad del nuevo organismo de Secretaría de Trabajo y Previsión. Con el tiempo la popularidad y el poder crecieron. Poco después, esa popularidad le ayudó a conseguir el cargo de Vicepresidente y Ministro de Guerra de la República Argentina, pero el Coronel Perón fue amenazado y obligado a dimitir de todos sus cargos el 10 de octubre de 1945. Pocos días después, Juan Domingo Perón fue detenido y llevado a la Isla Martín García. Cuando los obreros supieron de esa noticia, comenzaron a manifestarse y a marchar hacia la Casa de Gobierno para reclamar la libertad del coronel. Al poco tiempo, los militares se dieron cuenta de la influencia de Perón y de que representaba una figura clave en la política argentina. Para impedir una sublevación, Perón fue dejado en libertad.

1.4. Presidencia

1.4.1. Primer período del mandato (1946-1951)

Después de su cautiverio, Juan Domingo Perón se preparaba para las elecciones presidenciales con el apoyo de su nueva esposa, Eva Duarte, que también era apreciada por la nación. El 24 de febrero de 1946, Perón fue elegido presidente.

En aquellos días tuvo que luchar por sus ideales y por la Presidencia. Juan Perón triunfó con el 52 por ciento de los votos con la ayuda del Partido Laboralista, la UCR[4] Junta Renovadora, los sindicatos y los llamados 'Descamisados'[5]. También, fue apoyado en estas elecciones por sectores militares y la Iglesia Católica. A los pocos días de asumir la presidencia elaboró el Primer Plan Quinquenal que intentó transformar la estructura económica argentina. Además, el apoyo a la industria y la relajación del mercado interno marcaron el comienzo de la era del peronismo y el Siglo de Oro para la República.

No obstante, le faltaron conocimientos tecnológicos para erigir una industria en Argentina. Esta es una de las razones por las que Perón dejo pasar varios millares de criminales de la guerra nacionalsocialista. El presidente esperaba que los alemanes colaborasen con la emergente industria argentina, sin embargo, estos no mostraron su apoyo.

En el año 1947, Perón estableció la Ley de Voto Femenino que la nación argentina celebró con entusiasmo. También reformó la Constitución Nacional, después de las elecciones para

---

[4] Unión Cívica Radical.
[5] Una denominación para la clase baja en la República Argentina.

una Asamblea Constituyente en el año 1949.[6]

1.4.2. Segundo período del mandato (1951-1955)

En 1951, todas estas reformas les ayudaron a conseguir el 62 por ciento de los votos. Un año más tarde de las elecciones, la esposa de Juan Domingo Perón, Eva María Duarte, murió con 33 años a causa de un cáncer. El autor, Eduardo Galeano, llevaba razón cuando dijo que "Muerta Evita, el presidente Perón es un cuchillo sin filo"[7].

A partir de la muerte de Evita, Perón tomó muchas decisiones equivocadas y cometió errores estratégicos. Entró en conflicto con la Iglesia Argentina, al sancionar la Ley de Divorcio, y asimismo, legalizó los prostíbulos. Los salarios altos fueron devaluados por la inflación y los 'Descamisados' estaban descontentos con su política.

Los disturbios políticos se fortalecieron por la tensa situación política y económica que atravesaba la República Argentina.

1.5. El derrocamiento y la estancia en el exilio

El 16 de septiembre de 1955, Perón fue derrocado. Eduardo Leonardi fue elegido como sucesor temporal y más tarde fue reemplazado por Pedro Eugenio Aramburu.[8]

A raíz del golpe de Estado, el Partido Peronista fue disuelto. Aun así, los peronistas tuvieron una gran influencia política en los años siguientes.

Después del golpe, Perón tuvo que ir al exilio. Permaneció en varias países como Paraguay, Nicaragua, Panamá, Venezuela, y en enero de 1960 se estableció en España, cerca de Madrid.[9] En los años siguientes Perón intentó volver repetidas veces a Argentina, no obstante este deseo no se le fue concedido.

En el año 1965, la tercera esposa de Juan Domingo Perón, María Estela Martínez, fue enviada a Argentina para tomar posesión de la dirección del partido, pero este intento fracasó. Después del derrocamiento de Livingston, en el año 1971, Alejandro Agustín Lanusse fue designado como Presidente de Argentina.

A continuación, Lanusse ofreció a Juan Domingo Perón que colaborase con él. Este sabía que el antiguo presidente todavía tenía mucho poder, pero Perón renunció a ello.

---

[6] El nuevo Constitucional de la Nación Argentina contuvo los Derechos del Trabajador, de la Familia, de la Ancianidad, de la Educación y la Cultura.
[7] Galeano, Eduardo: *Memoria del Fuego III. El siglo del viento*. Madrid: Siglo XXI de España Editores, S.A., 1986, p. 136.
[8] De ayer a hoy se sucedieron cuatro presidentes, o sea Arturo Frondizi, José María Guido, Arturo Umberto Illia, Juan Carlos Onganía y Roberto Marcelo Levingston.
[9] Perón tuvo que trasladarse a menudo, porque su estancia en un país agravó la situación política entre el país concernado y la República Argentina.

En noviembre del mismo año Juan Domingo Perón nombró a Héctor José Cámpora como su encargado personal y con ello ejerció el cargo del Secretario General del Consejo Superior de la FREJULI[10].

1.6. Tercera presidencia

El 11 de marzo de octubre de 1973 Cámpora ganó las elecciones presidenciales con un 49,59 por ciento de los votos. El 20 junio de 1973, Juan Domingo Perón retornó definitivamente a la República Argentina del exilio y recibió su generalato.

Inmediatamente después, Héctor José Cámpora dimitió de la presidencia, y convocó elecciones el 23 de septiembre de 1973.

El General Perón dio a conocer que se presentaría como candidato para ocupar el puesto de presidente y su mujer, Isabel Martínez, como candidata a la vicepresidencia.

En las elecciones Perón ganó con un 61 por ciento de los votos, para asumir por tercera vez la presidencia. Durante los meses siguientes, Juan D. Perón intentó purgar el Partido Justicialista de los terroristas, pero a pesar de esta medida no obtuvo el control del partido.

El 1 de julio de 1974 el Tte. Gral.[11] Juan Domingo Perón murió con 79 años en su residencia en Olivos.

2. La época antes de Perón

2.1. Situación general

Hasta el año 1930 la República Argentina no sólo era el Estado más rico del subcontinente, sino también era uno de los países más ricos del mundo. La etapa expansionista de la economía y de la agricultura comenzó en el año 1880 con el Presidente Julio A. Rocas y terminó en 1930 con el derrocamiento del Presidente Hipólito Yrigoyen. Entre los años 1862 y 1930 los presidentes de la República Argentina fueron debidamente elegidos.

La posición geográfica, el clima templado y las fértiles superficies de cultivo llamadas Pampa húmeda de Argentina ofrecían una excelente base para la agricultura, que constituyó la principal fuente de ingresos del Estado. A través de las exportaciones a Inglaterra, Argentina creó un mercado de consumo sólido. De esta manera se creó una prosperidad y un nivel de vida considerable aunque al mismo tiempo dependían de Inglaterra. Argentina contrajo más y más empréstitos de los bancos extranjeros para impulsar el desarrollo de la agricultura y encomendó la ampliación de la red ferroviaria en Argentina a Inglaterra, que era en aquel

---

[10] Frente Justialista de Liberación: Partido sucesor de la Partido Peronista.
[11] Teniente General.

tiempo el país industrializado más importante.

Además, la República Argentina se diferenció de todos los demás países del subcontinente por su alto nivel de educación y por su alta renta per capita. Asimismo, Argentina no estaba dividida, como por ejemplo Brasil, en varios sectores raciales, étnico-culturales y sociales, sino que tenía un carácter relativamente homogéneo.12 Después del golpe militar en el año 1930 contra el presidente, Hipólito Yrigoyens, cambió fundamentalmente la economía y la política. La economía de Argentina se derrumbó, por una parte debido a la crisis económica mundial en 1929, que debilitó a la economía inglesa, que era el mercado de consumo más importante para la agricultura argentina, y por otra parte, acusó la disminución de la producción agrícola y la carga de una industria subdesarrollada. El período entre 1880 hasta 1930 fue, en lo que se refiere a lo político y económico la "[…] âge d'or"13 de la nación.

En la parte siguiente cabe refutar la declaración de que el Partido peronista falta la razón a su perspectiva, porque Argentina ni tiene que quejarse de un Versailles[14], ni tiene que contar con la amargura de la clase media[15], de S. L. Wahrhaftig, mediante la teoría de Gabriel A. Almond y Lucian W. Pye, que también Peter Waldmann y Rudolf Knoblauch aplicaron en sus tesis doctorales para analizar la condición previa y el motivo de la formación del peronismo.[16]

2.2. Crisis de distribución

Antes de la crisis económica mundial del año 1929 la desigualdad de los ingresos entre las capas sociales no tenían importancia, sin embargo, la situación cambió de repente con la crisis. El conflicto de la política interior entre las diferentes clases por la distribución de la riqueza se intensificó y se convirtió en un problema social. Peter Waldmann hace una distinción entre dos importantes prioridades temporales de la crisis de distribución. A principios de la crisis hubo un conflicto dentro de las clases y más tarde llegó a ser en un conflicto entre clases.

Por un lado, este conflicto se debe a la falta de una asociación de intereses comunes de la

---

[12] Waldmann, Peter: *Der Peronismus (1943-1955).* Hamburg: Hoffman und Campe Verlag, 1974, p. 11.
[13] Waldmann, Peter, *op. cit.*, p. 36.
[14] En el contrato de Versailles se afirmó que Alemania tiene la culpa en relación a la Primera Guerra Mundial, y esto fue unos de las razones, por las que la Segunda Guerra Mundial comenzó.
[15] Alexander, Robert J.: Die Ära Perón. Erste deutsche Auflage. Frankfurt am Main: Verlag der Frankfurter Hefte,1952, pp. 10-11.
[16] Gabriel A. Almond y Lucian W. Pye formularon la hipótesis que la formación de una nación corresponde con seis crisis: Crisis de penetración, crisis de integración, crisis de identidad, crisis de legitimidad, crisis de participación y crisis de distribución.

clase obrera y por otro lado, los sindicatos no pueden plantear una subida salarial, ante el hecho de que el desempleo era muy alto y los trabajadores no tenían protección contra el despido. Esta fase estuvo marcada por la inestabilidad, la fluctuación social y la recesión económica, que la clase baja notó en particular. Es cierto que hubo leyes de protección, pero no fueron suficientes para satisfacer a los trabajadores. No tenían seguros de pensiones, ni seguro de enfermedad, igualmente no tenían derecho a vacaciones ni protección contra el despido.

El descontento de los trabajadores se transformó en manifestaciones públicas y protestas, y el conflicto amenazaba con descontrolarse.[17]

2.3. Crisis de legitimidad

Después del golpe militar en el año 1930 contra el Presidente constitucional, Hipólito Yrigoyen, los militares y la clase alta tradicional controlaron la República Argentina. Ellos representaban y defendían los intereses de una minoría privilegiada, de esta manera la clase media y la clase baja fueron expulsadas políticamente, lo cual desencadenó dudas de legitimidad. Se planteó la pregunta de qué clase social o grupo tiene el derecho a gobernar.[18] Más tarde, las exigencias de participación de la población que habían sido excluidas políticamente, se fortalecieron. No obstante, el gobierno militar intentó intimidar a los sindicatos y partidos de la oposición encarcelando y torturando a algunos de sus líderes. También, los casos de corrupción y los escándalos por corrupción formaban parte de la vida cotidiana del país.[19]

En esta etapa los militares, que formaban el ejecutivo, dominaban Argentina y por consiguiente, la soberanía del Estado.

2.4. Crisis de identidad

Después del año 1930 la República Argentina sufrió una crisis de comprensión de la identidad nacional. Peter Waldmann atribuye esta crisis de comprensión a dos desarrollos: por una parte a la pérdida de prestigio de la clase alta tradicional, y por la otra, a la reivindicación inútil de la integración en la federación nacional de la clase baja.[20] Además de sus actividades políticas y económicas, la importancia de la clase alta tradicional consistía en la representación del estilo de vida argentina, los valores nacionales y las orientaciones de comportamiento.

---

[17] Waldmann, Peter, *op. cit.*, pp. 50-54.
[18] Waldmann, Peter, *op. cit.*, p. 59.
[19] Este tiempo recibió en la literatura argentina el sobrenombre 'Década infame'.
[20] Waldmann, Peter, *op. cit.*, p. 42.

Sin embargo, mediante el cuestionamiento de los líderes y de sus pretensiones de liderazgo esta identidad nacional perdió fuerza.

La clase baja, que se había convertido en un factor importante en el proceso de producción industrial, exigía la aceptación política y social, para lo cual reclamaron la integración en la pertenencia nacional. Aunque sus demandas de aceptación e integración fueron en vano.

2.5. Crisis de dependencia

La crisis de dependencia no solo fue causada por factores políticos, sino también por factores económicos. La dirección política de la República Argentina no extrajo conclusiones de la crisis económica mundial y tampoco cambió su rumbo económico.

La venta en el mercado europeo se redujo, debido al deterioro de las condiciones de exportación. En el año 1933, la delegación argentina aceptó, bajo de la dirección de J. A. Rocas, el contrato 'Roca-Runciman' [21] , aunque los condiciones del contrato fueron extraordinariamente perjudiciales para la República. Esto muestra claramente la mala posición negociadora de Argentina, debido a su dependencia de los socios comerciales extranjeros[22].

2.6. Crisis de participación

Antes del golpe de Estado la población argentina se había incorporado a la política. Entre 1916 y 1930, se llegó por elecciones universales, iguales y secretas a la formación de un gobierno que fue elegido por la mayoría de la población. Después del golpe de Estado, en el año 1930, cambió la participación política de la población. La minoría conservadora llegó al poder a través de fraude electoral y este fue el comienzo de la exclusión de amplias capas de la población en los sucesos políticos del país.

De esta manera se sucedieron gobiernos que no velaban por los intereses de la población, sino que defendían la opinión de una pequeña capa privilegiada.

Esta manipulación fue la razón de la actitud escéptica no sólo hacia la política y frente a los políticos, sino también hacia los sindicatos y las asociaciones empresariales de la economía. La clase obrera desconfiaba de los sindicatos, se les acusaba de que ellos representaban únicamente los intereses de las empresas industriales y latifundistas, y de que sus intereses no se tenían en cuenta.[23]

---

[21] Con ello Inglaterra podía importar carne de Argentina.
[22] Waldmann, Peter, *op. cit.*, pp. 45-50.
[23] Waldmann, Peter, *op. cit.*, pp. 54-59.

3. La época mientras Juan Domingo Perón

3.1. Ascenso de Juan Domingo Perón

Tras el golpe de estado en 1930 cambió la actitud de la población hacia el gobierno. Mientras que el antiguo Presidente, Hipólito Yrigoyen, había sido amable con los trabajadores, el nuevo gobierno militar apenas prestaba atención a la clase obrera. El gobierno andaba atareado en velar por los intereses de un pequeño grupo privilegiado. Por consiguiente, surgió un aislamiento entre la población y el gobierno, que tuvo graves consecuencias en el gobierno militar. Por un lado, llevó al aislamiento social y político y por otro, la miseria económica y las condiciones de trabajo inaceptables hacían crecer la insatisfacción de la clase obrera con el régimen. Juan Perón reconoció estos desarrollos erróneos en el país.[24]

Su objetivo central era conciliar la población con la política, cambiando la función social del orden político. Mientras estaba en el cargo de la Secretaria de Trabajo y Previsión, Juan Domingo Perón llamó a los trabajadores a unirse a asociaciones y organizaciones, con el fin de crear las condiciones previas para su apoyo sistemático y obtener un mayor control sobre esta capa.[25] Por primera vez en la historia de la República Argentina, la cabeza del sistema político prestaba atención a la clase baja, que se preocupaba de todas sus necesidades. Por lo tanto, Juan Domingo Perón fue la primera persona que dio privilegios -Tribunales de Trabajo, jubilaciones, Institucionalización del Movimiento Gremial, vacaciones pagadas- a la clase trabajadora. Todas estas medidas causaron un cambio de la actitud de la población hacia la política y los políticos. Perón llegó a ser héroe del país y fue elegido Presidente en el año 1946.

Las aportaciones de Perón y de su partido durante su presidencia se presentarán más en detalle en los apartados de superación de las crisis de este estudio.

3.2. Superación de la crisis de identidad

Los esfuerzos de Juan Domingo Perón por resolver la crisis de identidad en la República Argentina no se pueden pasar por alto en aquellos tiempos, dado que ofreció un modelo común de pensamiento, de voluntad y de sentimiento con el propósito de crear una unidad nacional.[26] Aunque la ideología de Perón fue atacada con frecuencia a causa de la falta de claridad y de la generalidad de sus mensajes, no obstante Perón no se desvió de su rumbo

---

[24] Waldmann, Peter, *op. cit.*, p. 83.
[25] Waldmann, Peter, *op. cit.*, p. 80.
[26] Knoblauch, Rudolf: *Der Peronismus, ein gescheitertes lateinamerikanisches Modell*. Diessenhofen: Verlag Rüegger, 1952, p. 27.

11

político, porque con su generalidad y su falta de claridad quería evitar el dogmatismo de su doctrina.[27] Intentó ordenar sobre todo la posición, la obligación y la responsabilidad de la República Argentina en el contexto internacional, además de intentar despertar el sentimiento y la identidad nacional.[28]

Perón presentó una reivindicación de la 'Tercera Posición', lo que pensó que debía servir como una solución universal, y que se diferenciaba del marxismo dogmático y del capitalismo, para revalidarse internacionalmente. Juan Domingo Perón fue así el primero, en no hacer una interpretación del capitalismo y del comunismo como solución a los problemas de su tiempo, sino que optó por una vía que llevaría a la solución, o sea la 'Tercera Posición'. Sin embargo, también hay que decir que Perón formuló la 'Tercera Posición' de manera muy imprecisa y no mantuvo esta vía, pero sí utilizó esta doctrina con la intención de conseguir una integración política interna en su país.[29] Trató de mejorar la reputación internacional de la República Argentina y al mismo tiempo se distanció con la 'Tercera Posición' del resto del mundo, para ayudar al pueblo, sobre todo a la capa inferior, a conseguir el sentimiento de pertenencia nacional y de orgullo nacional.[30] A pesar de estas pretensiones en cuanto a la intención de integración de Perón, Rudolf Knoblauch y Peter Waldmann son de la opinión de que sólo tuvo un éxito limitado.

Rudolf Knoblauch da un paso más allá y afirma que Perón aumentó más la crisis de identidad, dado que ayudó a los trabajadores a conseguir una conciencia pero descuidó a la clase media.

3.3. Superación de la crisis de legitimidad

Por medio de las elecciones del año 1946 Perón sentó las bases más importantes para la superación de la crisis de legitimidad y, al mismo tiempo, resolvió la cuestión de qué clase social o grupo tenía derecho a gobernar. Durante la duración de su cargo Perón siempre trató de representar a todas las clases sociales y grupos por igual.

Se esforzó por conseguir la igualdad de todas las personas, por ejemplo, dictó la ley del derecho de voto de la mujer y dio más derechos a personas de capas inferiores.

Peter Waldmann resume la contribución de Juan Domingo Perón para resolver la crisis de legitimidad de la siguiente manera, la contribución de Perón para resolver esta crisis fue que dejo participar a la clase baja en el sistema político.

---

[27] Juan Perón evitó a propósito la dogmatización de su teoría, porque él sabía que iba a tomar un mal resultado, como fue el caso en la dogmatización de Marx.
[28] Waldmann, Peter, *op. cit.*, p. 106.
[29] Waldmann, Peter, *op. cit.*, p. 107.
[30] A través de disosiación político y cultural surgió una nueva identidad.

3.4. Superación de la crisis de distribución y al mismo tiempo de la crisis de participación

Tal como ya ha sido mencionado, a causa del abismo entre ricos y pobres, entre la clase alta y la clase media por un lado, y las clases bajas por el otro, la situación había empeorado de forma amenazadora en las postrimerías de la Segunda Guerra Mundial. Juan Domingo Perón hizo de la solución a la crisis de distribución la tarea más importante del Gobierno con el fin de conseguir un equilibrio social adecuado entre las capas, y así terminar el conflicto entre clases. Ya antes de su mandato Perón persiguió una política de reforma social, y esta la llevó a cabo durante el mismo.

La actitud amable de Perón hacia los trabajadores se hizo notar especialmente en la serie de leyes y medidas con las cuales legisló.[31] No sólo los trabajadores eran beneficiarios de la reforma social, sino también los grupos de bajo rendimiento. Perón trató de proteger y apoyar a estos grupos, a través de poner precios máximos en los alimentos, ordenó una congelación de alquileres y tomó medidas contra los especuladores. También, su esposa, Eva Duarte de Perón, se comprometió en una organización humanitaria social, con la que financió diferentes proyectos sociales como la construcción de hospitales, de escuelas y de clínica de reposo.

Perón no sólo logró con medidas indirectas mejorar la situación financiera de las capas bajas, sino también con medidas directas con una subida de los salarios.[32]

Debido a todas estas medidas se produjo un cambio de actitud de las capas inferiores hacia el Gobierno. Por primera vez en la historia de Argentina, la capa inferior fue tomada en cuenta por un jefe de gobierno. Las medidas para resolver la crisis de distribución hicieron que la crisis de participación también fuese resuelta.

La actitud favorable de los trabajadores hacia Perón hizo que el pueblo estuviera motivado para comprometerse políticamente y para ingresar en sindicatos.

3.5. Superación de la crisis de dependencia

Además de las medidas para vencer las diversas crisis, Perón intentó liberar a Argentina de la dependencia económica de países extranjeros. Se subdividió las medidas en tres áreas: refuerzo del control del Gobierno sobre las transacciones económicas y financieras de todo

---

[31] Juan Domingo Perón promulgó muchas leyes: la ley de protección contra el despido, de protección contra accidentes, de derecho a pensión y fundó Tribunales de Trabajo, la Institucionalitación del Movimiento Gremial.

[32] Los salarios reales aumentaron notablemente en el año 1944, y también la subida de los salarios fueron aumentados por la adopción de la treceava paga mensual.

tipo; pago de todas las deudas a países extranjeros y compra a sociedades extranjeras de algunas empresas importantes en el sector servicios y ampliación de la propiedad estatal. También dictó varias leyes para proteger y promover la industria nacional.

La realización de la primera medida se llevó a cabo en el año 1946, al nacionalizar el banco central y los bancos privados, representados por intereses extranjeros.

Así consiguió el control total del sistema monetario y de crédito.

También, mediante la fundación del I.A.P. I.[33] el intercambio comercial completo con Argentina fue monopolizado.

La realización de la segunda medida se llevó a cabo al pagar las deudas contraídas por Argentina con países extranjeros. Compró empresas extranjeras y nacionalizó otras, aun cuando sus negocios fuesen controvertidos. Por ejemplo pagó por la línea férrea, que era una posesión británica, cuatro veces el valor real de esta construcción y la compra pasó a ser el peor negocio de la historia del siglo.[34] Además, Juan Domingo Perón nacionalizó también importantes sociedades industriales, como la compañía telefónica ITT, Smithfield, el argentino Meat Company Ltd. y el Anglo-Argentino.

La ley para la protección y promoción de la industria nacional fue la tercera medida y la más importante. La realización de esta se llevó a cabo por leyes que fueron dictadas para proteger la industria nacional contra la competencia extranjera y mediante la concesión de crédito a largo plazo a la industria.

4. La influencia de Juan Domingo Perón

4.1. La época después de Perón

Después de que Perón fuera derrocado en el año 1955, la fase dinámica de la Argentina terminó. La situación social empeoró y el desarrollo del país se paralizó. La incertidumbre y la confusión se hicieron notar especialmente en el cambio frecuente de los gobiernos, los ministros y los programas. Entre 1959 y 1989, el país tuvo 33 ministros de Economía, cuya duración en el cargo ascendió a menos de un año y, en consecuencia, estos cambios frecuentes tuvieron consecuencias negativas.[35] El producto interior bruto cayó a un nivel nunca visto y la inflación nunca había sido tan alta. La inflación se debió al hecho de que el Gobierno optó por la devaluación del dinero para aumentar las exportaciones, pero esta medida no tuvo éxito

---

[33] Instituto Argentino de Promoción del Intercambio.
[34] Knoblauch, Rudolf, *op. cit.*, p. 148.
[35] Waldmann, Peter: *Argentinien, Schwellenland auf Dauer.* Hamburg: Murmann Verlag GmbH, 2010, p. 88.

y condujo a una recesión.

La influencia de Perón se hizo sentir especialmente en la clase obrera, puesto que defendían las mejoras económicas y sociales que habían adquirido durante su mandato. Con el gobierno militar, la clase obrera y los sindicatos se debilitaron. Bajo la dirección de Pedro E. Aramburu los peronistas fueron perseguidos sistemáticamente. Estos se resistieron al Gobierno formando nuevos sindicatos que fueron despertando bajo el gobierno militar.

Los nuevos gobernantes se enfrentaron a una nueva capa social que quería defender su papel en el sistema político. Papel que habían recibido durante el gobierno de Juan Domingo Perón. También, los peronistas y sindicatos lograron con su compromiso político que las leyes antiperonistas fueran reformuladas por el gobierno militar.

En el año 1980 Alfonsín llegó al poder. Este se concentró en crear un estado de derecho y de democracia, pero dejó de lado los problemas económicos de la República Argentina y llegó a la hiperinflación en el año 1989. Sólo bajo el peronista, Carlos Menem, Argentina pudo experimentar un auge económico.

Él resolvió la crisis económica, sobre todo nacionalizando empresas, como Juan Perón hizo en su tiempo, y contrajo una nueva deuda en el extranjero.

En el año 2001 los créditos adicionales fueron negados a Argentina y su economía sufrió un colapso. La siguiente coalición gubernamental trató de reparar el daño económico, pero sólo el influyente peronista, Eduardo Duhale, logró restaurar el orden económico. Este mostró que la doctrina de Juan Perón tenía validez y funcionaba.

El sucesor de Eduardo Duhales fue Néstor Kirchner, que fue influenciado por la doctrina de Juan Domingo Perón. Néstor Kirchner logró con una política de reforma social reanudar el éxito de Perón.

4.2. Calificación e interpretación del trabajo sobre Perón

Juan Domingo Perón ciertamente contribuyó a la solucion de algunas crisis, pero no solo se debe atribuir las soluciones a Perón, sino también a la clase obrera, ya que los obreros impulsaron activamente la economía de la República Argentina.

El mayor mérito de Juan Perón fue que sacó a la clase obrera de su aislamiento político dándole un nuevo papel en el sistema. Hay que otorgarle cierto grado de éxito en la resolución de la crisis de identidad aunque no la consiguiera resolver completamente. Cuando se ayudó a la clase obrera a conseguir una conciencia, la clase alta y la clase media quedaron totalmente descuidadas, por lo que hubo varios desarrollos de identidad entre las distintas capas de la sociedad. Para hacer frente a la crisis de legitimidad, Juan Domingo Perón jugó un papel indirecto. Más bien la superación de esta crisis debe ser considerada como resultado del sistema, ya que fue resuelta gracias a las elecciones democráticas. La cuestión de quién tenía derecho a gobernar y para quién se solucionó en su mayor parte.

La superación de la crisis de distribución fue algo que debemos reconocer como una gran aportación de Perón, ya que a través de las diversas medidas adoptadas, no sólo consiguió la igualdad entre la población argentina, sino también mejoró su situación financiera disminuyendo el abismo entre ricos y pobres.

Tampoco hay que olvidar sus aportaciones para hacer frente a la crisis de dependencia, puesto que logro liberar al país de la dependencia económica de países extranjeros, consiguiendo incluso que Argentina diera créditos a otros países.

En resumen, podemos afirmar que Juan Domingo Perón hizo un buen trabajo.

A través del éxito de su política, su doctrina ha sido aplicada más tarde en distintas situaciones.

Por consiguiente, podemos decir que los ideales y la influencia de Juan Domingo Perón siguen vivos en sus sucesores.

Precisamente en los últimos tiempos el peronismo puede demostrar que la teoría de Perón todavía funciona, como ejemplo, el caso en el año 2001, cuando la República Argentina sufrió un colapso y el peronista, Eduardo Duahlde, pudo restablecer el orden económico.

El éxito del peronismo se basa en que la teoría de Perón es muy susceptible de cambios ya que puede adaptarse a situaciones muy distintas, debido al hecho de que Juan Domingo Perón ha formulado un peronismo poco claro.

5. Fuentes

5.1. Monografías y artículos

Alexander, Robert J.: *Die Ära Perón*. Erste deutsche Auflage. Frankfurt am Main: Verlag der Frankfurter Hefte, 1952.

Carreras, Sandra: *Eine kleine Geschichte Argentiniens*. Berlin: Suhrkamp Verlag, 2010.

Galasso, Norberto: *Perón I. Formación, ascenso y caída (1893-1955)*. Buenos Aires: Colihue, 2005.

Galeano, Eduardo: *Memoria del Fuego III. El siglo del viento*. Madrid: Siglo XXI de España Editores, S.A., 1986.

Knoblauch, Rudolf: *Der Peronismus. Ein gescheitertes lateinamerikanisches Modell*. Diessenhofen: Verlag Rüegger, 1952.

Rehrmann, Nobert: *Lateinamerikanische Geschichte*. Hamburg: Rowohlt Verlag GmbH, 2005.

Rinke, Stefan: *Geschichte Lateinamerikas*. München: Verlag C.H.Beck oHG, 2010.

Waldmann, Peter: *Der Peronismus (1943-1955)*. Hamburg: Hoffman und Campe Verlag, 1974.

Waldmann, Peter: *Argentinien. Schwellenland auf Dauer*. Hamburg: Murmann Verlag Gmbh, 2010.

Werz, Nikolaus: *Argentinien*. Schwalbach/Ts: Wochenschau Verlag, 2012.

5.2. Páginas de Internet

Aufmolk, Tobias: *Juan Domingo Perón*.
URL: http://www.planet-wissen.de/laender_leute/argentinien/ geschichte_argentiniens/peron.jsp. (Stand: 15.06.2012)

Der Spiegel: *Nennt mich Pocho*.
URL: http://www.spiegel.de/spiegel/print/d-31971241.html. (Stand: 14.09.2012)

El Historiador: *Presidentes y Ministros de Argentina*.
URL: http://www.elhistoriador.com.ar/datos/ presidentes_de_argentina.php#_ftnref29. (Stand: 14.09.2012)

Instituto Nacional Juan Domingo Perón: *Vida del General Juan Domingo Perón*.
URL: http://www.jdperon.gov.ar/material/biografiaperon.html. (Stand: 21.09.2012)

Minster, Christopher: *Biography of Juan Perón*.
URL: http://latinamericanhistory.about.com/od/ thehistoryofargentina/ p/09juanperon.htm. (Stand: 21.09.2012)

Munzinger-Archiv GmbH: *Juan Domingo Perón*.

URL: http://www.munziger.de/document/00000000118. (Stand: 14.09.2012)

Pigna, Felipe: *Juan Domingo Perón (1895-1974)*.
    URL: http://www.elhistoriador.com.ar/biografias/p/peron.php. (Stand: 22.09.2012)

5.3. Documental

Arondojo, Guión Diego: *Presidentes Argentinos. Juan Domingo Perón*.
    URL: http://www.conectate.gob.ar/educar-portal-video-web/module/
    detalleRecurso/DetalleRecurso.do?searchString=Juan+Domingo+
    Per%C3%B3n&tipoFuncionalId=12&idRecurso=50609.